CATALOGUE

DES

ESTAMPES & LITHOGRAPHIES

MODERNES

par et d'après

Chéret. Courboin. Decizy. Fantin-Latour. Legrand. Lepère
Lunois, Rops, etc.

BONS LIVRES

sur les Beaux-Arts et la Littérature

TABLEAUX = DESSINS

par

Beaumont (Elie et Edouard de), Béraud (J.)
Falguière, Fantin Latour, Gamelin, Injalbert
Laurens (J. P.), Martin, Meunier
Moreau Vauthier, Puvis de Chavannes, Wagrez, etc...

provenant de la Succession de M. **Jean Alboize**

CONSERVATEUR DU MUSÉE DE FONTAINEBLEAU

Directeur du Journal *"l'Artiste"*

ET DONT LA VENTE APRÈS DÉCÈS AURA LIEU

HOTEL DROUOT, SALLE N° 10

Les Vendredi 16 et Samedi 17 Décembre 1904

A 2 HEURES

Commissaire-Priseur Mᶜ **LAIR DUBREUIL**, 6, *rue de Hanovre*

EXPERTS

M. JEAN FONTAINE	**M. H. BRAME**
3o, Boulevard Haussmann	*2, Rue Laffitte*

CONDITIONS DE LA VENTE

Elle sera faite au comptant.

Les acquéreurs paieront dix pour cent en sus des adjudications.

Aucune réclamation ne sera admise une fois l'adjudication prononcée.

Les livres devront être collectionnés sur place dans les vingt-quatre heures de l'adjudication. Passé ce délai ou une fois sortis de la salle de vente, ils ne seront repris pour aucune cause.

ORDRE DES VACATIONS

Vendredi 16. — Tableaux, Dessins, Gravures et Estampes catalogués. Estampes en lots.

Les gravures catalogués pourront être examinées à la Librairie E. Jean-Fontaine, du 7 au 13 décembre.

Samedi 17. — Livres et Estampes en lots.

DÉSIGNATION

TABLEAUX, DESSINS, GRAVURES

BEAUMONT (Elie de)

1 — La tentation de saint Antoine.

> Dessin mine de plomb. Haut. : 9m35. Larg. : 0m22.

BÉRAUD (Jean)

2 — La sortie du théâtre.

> Dessin. Haut. : 0m25. Larg. : 0m13.

BOILLY

3 — Le printemps. La mariée. Les savoyardes. La Rosière. Les petits ramoneurs. L'été.

> Lithographies en couleurs.

ECOLE FLAMANDE

4 — Nature morte.

> Haut. : 0m51. Larg. : 0m77.

ECOLE FLAMANDE

5 — Paysage animé de figures.

Peinture sur cuivre. Haut. : 0m25. Larg. : 0m39.

ECOLE FRANÇAISE

6 — Vue d'un port, chargement d'un navire.

Deux pendants. Haut. : 0m66. Larg. : 0m78.

ECOLE FRANÇAISE

7 — L'enlèvement des Sabines.

Peinture sur papier. Haut. : 0m39. Larg. : 0m54.

ECOLE FRANÇAISE

8 — Jeune femme écrivant.

Haut. : 0m24. Larg. : 0m19.

ECOLE FRANÇAISE

9 — Les baigneuses.

Haut. : 0m24. Larg. : 0m36.

ECOLE FRANÇAISE

10 — Scène tirée de l'histoire romaine.

Dessin. Haut. : 0m50. Larg. : 0m40.

ECOLE FRANÇAISE

11 — Joueur de flûte.

Dessin. Haut. : 0m46. Larg. : 8m26.

FALGUIÈRE

12 — Diane.

> Dessin au crayon. Haut. : 0m25. Larg. : 0m46.
> Cadre en bois sculpté.

FANTIN-LATOUR

13 — L'Aurore chassant la nuit.

> Dessin important. Haut. : 0m48. Larg. : 0m60.

FANTIN-LATOUR

14 — Le Vénusberg.

> Lithographie. Haut. : 0m40. Larg. : 0m50.

FANTIN-LATOUR

15 — L'enfance du Christ.

> Lithographie.

GAMELIN

16 — Scène champêtre.

> Dessin. Haut. : 0m12. Larg. : 0m20.

GAMELIN

17 — La vestale.

> Forme ronde. Encre de Chine. Diam. : 0m18.

GAMELIN

18 — La mort de Socrate.

> Forme ronde. Encre de Chine. Diam. : 0m18.

GREUZE (D'après J.-B.)

19 — Le tendre désir.

> Gravure.

HUMPHREY-JOHNESTON

20 — Le sommeil.

> Haut. : 0m35. Larg. : 0m54.

INJALBERT

21 — Dessin. (Salon de 1881).

> Dessin à la plume.

LAURENS (J.-P.)

22 — En prière.

> Haut. : 0m34. Larg. : 0m23.

MARTIN (Henri)

23 — Chacun sa chimère.

> Haut. : 0m45. Larg. : 0m37.

MEUNIER

24 — Les débardeurs.

> Dessin. Haut. : 0m43. Larg. : 0m37.

MOREAU-VAUTHIER

25 — La fortune.

> Dessin à la plume. Haut. : 0m35. Larg. : 0m14.

PUVIS DE CHAVANNES

26 — Etude pour le tableau : « La Vision antique ».

> Dessin calqué. Haut. : 0m31. Larg. : 0m28.

PUVIS DE CHAVANNES

27 — Croquis.

> Dessin calqué. Haut. : 0m27. Larg. : 0m20.

VERNET (D'après S.)

28 — La pêche.

> Forme ovale. Haut. : 0m47. Larg.0m62.

29 — Sous ce numéro seront yendus quinze tableaux, pastels et gravures encadrés.

DESSINS EN FEUILLES

30. **Beaumont** (Edouard de). Femme assise vue de dos, tenant une épée entre ses mains .

> Très joli dessin au crayon.

31. **Bellery-Desfontaines**. Titre pour les peintres lithographes dessin aquarellé. — L'Illusion (25×21). Dessin au crayon et au lavis.

32. **Béraud** (Jean). Salle Graffard — Charenton ; deux des principaux personnages de ces tableaux.

> Dessins à la plume et au crayon.

33. **Bourgeois** (Urbain). Diane retour de la chasse (32×26)
— Tête de jeune femme.

Deux beaux dessins à la plume et au crayon.

34. **Falguière** (A.). Très beau dessin (45×31) au crayon.

Esquisse importante.

35. **Houssay** (Jeanne). Portrait d'Anna Pazzetti.

Dessin au crayon Conté.

36. **Labatut.** La mort de Roland (36×26).

Très beau dessin à la mine de plomb.

37. **Philips** (Léopold) Un buveur (45×36).

Beau dessin à la plume.

38. **Ringel d'Illzach,** 15 portraits de contemporains, hommes de lettres, acteurs, etc. Sa Majesté le Hasard.

Dessins à la plume et à la mine de plomb.

39. **Sirouy** (Ach.) Uranie (35×23).

Pastel.

40. Jeune fille en prières (25×18).

Joli dessin au crayon, avec le monogramme S.P.

41. **Wagrez** (Jacques). Sainte Claire d'Assise, (Salon de 1884 (22×18).

Dessin à la plume

42. **Wery** (E.). Dernières lueurs (29×17).

Dessin à la sépia.

ESTAMPES ET LITHOGRAPHIES

43. **Abbema**. Portrait de Carolus Duran, 4 épreuves avant
la lettre. — Bonnat. Portrait de Coignet 18 épreuves.
— Borrel. Portrait de Hédouin 10 épreuves sur papier
du Japon. — Portrait de Ed. de Goncourt 2 épreuves.
Naïades d'après J. Henner, 2 épreuves. — Bellan.
Portrait de Saint-Saens 4 épreuves. — Ens. 40 pièces.

44. **Ardail**. Portrait de Puvis de Chavannes d'après Rodin,
4 épreuves sur papier de Chine volant, 4 sur papier
de Hollande avec remarque et signature des artistes,
6 autres épreuves.— Portrait de Fremiet d'après Rodin,
9 épreuves sur papier de Chine avec remarque et
signature des artistes. Portrait de vieille femme
3 épreuves.

Deux pièces portent des envois à M. Alboize.

45. **Aman** (Jean). Portrait de Verlaine, 16 épreuves sur
papier de Chine volant. — Venise, 12 épreuves.

46. **Bresdin** (Rodolphe). Cinq pièces. Eaux fortes.

47. **Bracquemond**. Portrait de Baudelaire 2 épreuves. —
Portrait de Kenne, 12 épreuves avant la lettre sur
papier du Japon. — La fontaine aux cerfs, d'après
Corot, 22 épreuves. — Le miroir d'après Chaplin,
7 épreuves. — Ens. 49 pièces.

48. **Barré** (F.). Portrait de. Georges Leygues, d'après
Carolus Duran, épreuve avec remarque, avant la
lettre. — 4 Portraits de Larroumet. · 4 portraits de
Bourgeois. — 5 autres portraits. — 4 portraits de
Chaplin. — 20 portraits de Gamelin dont 5 sur papier
de Chine. — 20 portraits de Marie Leczinska en différents états. — Ens. 58 pièces.

49. **Boutet** (Gabriel). Portrait de Molière d'après Sébas-
tien Bourdon. 57 épreuves dont 17 avant la lettre.

50. **Boutet** (Gabriel). La fille du passeur d'après E. ADAN
47 épreuves. — Le chant de l'alouette d'après J. BRE-
TON, 16 épreuves. — Les Apôtres, 6 épreuves. — Pri-
sonnière disputée, d'après LUMINAIS, 35 épreuves,
1 eau-forte, 1 Japon, 17 Chine, 16 Hollande. — Ruth
et Booz, d'après DELAUNAY, 4 épreuves. — Les der-
niers moments de Maximilien, d'après J. P. LAURENS,
12 épreuves. — Conférence diplomatique 15 épreuves.
— Le champagne d'après CLAIRIN, 6 épreuves. —
Princesse Takeito Arissougawa, d'après VIEIL CAS-
TEL, 15 épreuves. — Portrait de Bergerat 4 épreuves,
et 4 pièces diverses. Ens. 166 pièces.

51. **Carrière** (Eugène). Son portrait 8 épreuves. Divers
4 lithographies. 14 Têtes de jeunes filles, 9 sur papier
du Japon et 5 sur papier de Chine. — Ens. 26 pièces.

52. **Cheret**. Eventail. Exposition J. Cheret, 9 épreuves. La
danse 2. Etude de femme debout 10, Liseuse 24. La
Poule au pot 34 épreuves avant la lettre, sur papier du
Japon 70 ordinaires, 12 pièces diverses. — 49 pièces
gravées par Julian, d'après CHERET, épreuves sur
papier de Chine. — Ens. 256 pièces.

53. **Claessens** (L. A.). Bourgeoisie armée d'Amsterdam
1642 (La ronde de nuit) d'après REMBRANDT, 1797, in-
fol. en largeur.

54. **Courboin** (F.). Portrait de Diderot, 18 épreuves avec
remarques sur papier du Japon, 3 avec remarques
sur papier de Hollande. — Portrait de J. Soulary,
2 épreuves d'essai, 40 sur papier de Hollande avant le
mot L'Artiste, 9 avec « L'Artiste » — Portrait de
Rubens, d'après VAN DYCK 10 épreuves d'artistes
avant toute lettre sur papier du Japon. — 2 portraits
de Français, 3 d'Antonin Proust, 5 de Michel Baron,
1 de J. Peladan avec envoi. — 10 pièces diverses. —
Ens. 103 pièces.

55. **Decizy**. Portrait de femme, in-folio, épreuve sur parchemin avec remarque. — Portrait de Chennevières

4 épreuves sur parchemin, 1 sur papier du Japon. — Portrait de Larroumet, 5 épreuves. — La Laitière, d'après ROLL, 4 épreuves à l'eau forte, états différents. — 5 La Soupe. — 5 L'Hiver. — 3 Saint Hubert. — 3 D'après EUG. DELACROIX. — 10 D'après DONATELLO. — 4 pièces diverses. — Ens. 45 gravures et eaux-fortes en divers états.

56. **De Feure.** 15 pièces diverses.

57. **Delacroix** (Eugène). Tigre couché, 6 épreuves sur papier de Chine volant, 5 sur papier de Hollande, 14 sur papier de Chine collé. — Un homme d'arme sous François Ier, Forgeron, Seigneur du temps de François Ier, Arabe d'Oran, Etude de femme vue de dos, Lion dévorant un cheval, 2 épreuves. — Ens. 32 eaux-fortes.

58. **Delatre** (Eugène) Montmartre 10 pièces. — Eaux-fortes et pointes sèches. 24 pièces. — Les parisiennes 10 pièces en couleur. — Pièces diverses 18. — Ens. 62 eaux-fortes.

> Quelques pièces avec envoi à M. ALBOIZE.

59. **Delteil** (Loys). Portrait de Mademoiselle Breval de l'Opéra 10 épreuves sur papier du Japon, 4 sur papier de Chine, Hollande, etc. — Portrait de La Tour, 2 épreuves. — 4 pièces diverses. — Ens. 34 pièces.

60. **Dillon.** Environ 100 pièces diverses lithographies, etc.

61. **Desboutins** (Marcellin.) 19 pièces. — Detaille 2. — Didier, Mme Tallien, 12. — Drouyn, 3. — Duclos (Marie) Corot 2, Mme Dorval 20. — Dame aux Camélias, 5. — Ens. 65 pièces.

62. **Falguière.** 20 pièces, gravures et eau-forte.

140

63. Fantin-Latour. Musique et poésie (G. Hédiard 46).
Lithographie sur papier de Chine.

90

64. Fantin-Latour. L'étoile du soir (G. H. 48).
Lithographie sur papier de Chine.

90

65. — Harold, dans les montagnes (G. H. 49).
Lithographie sur papier de Chine.

80

66. — Le Paradis et la Peri (G.H. 50).
Lithographie sur papier de Chine.

400

67. — Parsifal et les Filles-Fleurs (G.H. 59).
Lithographie, épreuve de premier état, sur papier de Chine.

270

68. — Delacroix (A.-Eugène) (G.H. 93).
Lithographie, épreuve de premier état, sur papier de Chine, avec rehauts de blanc.

180

69. — Vénus et l'Amour (G.H. 101).
Lithographies sur Chine collé.
13 Epreuves du 2° état, dont une avec envoi de H. Fantin à M. Alboize.
13 épreuves du 3° état.

130

70. — A. Stendhal (G.H. 103).
Lithographie sur Chine, épreuve de 2° état.

635

71. — Vénus Anadyomène.
Lithographie (H. 375 L. 285). Epreuve sur papier de Chine, avec envoi de H. Fantin-Latour à M. Alboize.
7 épreuves sur papier de Chine collé, avec remarque (Feuille).
8 épreuves sur papier du Japon avec remarque (Feuille).
9 épreuves sur papier de Chine volant, avec remarques (Feuille et tête de femme).

72. — Couronnement du buste de Berlioz.
    Lithographie (L. 143, H. 214) sur papier de Chine, au
    bas à droite une note de musique (Lélio). Avec envoi de
    Fantin-Latour à M. Alboize.
    38 épreuves sur papier de Chine volant.

73. **Fantin-Latour.** Son portrait à dix-sept ans (H. G. 104).
    Lithographie sur papier de Chine volant, avec un envoi
    à M. Alboize.

74 **Fornet.** Portrait d'Octave Feuillet, 9 épreuves d'artiste sur papier du Japon. — Chasseur préhistorique d'après de LALAING, 8 épreuves d'artiste sur papier du Japon, 3 sur papier de Hollande. — Ens. 20 pièces.

75. **Foulquier** (V.) Portrait de Molière, 26 épreuves avant la lettre sur papier de Chine collé. — Molière d'après MIGNARD, 65 épreuves avant la lettre. — Ens. 91 pièces.

76. **Geoffroy.** 15 Portrait de Molière. 8. Portrait de la princesse Mathilde. 6. Richesse et poésie, Médée d'après DELACROIX. 3. Le Harem d'après DIAZ. — Ens. 33 pièces.

77. **Goya.** Portrait, 31 épreuves, 6 pièces d'après lui. — Ens. 37 pièces.

78. **Guilmet.** 13 Bullier d'après RENOIR — 8. Giroux, Un amateur d'après H. DAUMIER. — Ens. 21 pièces.

79. **Hanriot.** 2. La Jeune fille et la Mort d'après SARAH-BERNHARDT. — 16. Canne du grand père d'après BRION. — 1. Soubrette, 18 souvenirs d'après CHAPLIN. — 3, d'après BENJAMIN CONSTANT. — 16. Danseuse d'après GOMERRE. — 25. Baigneuse d'après HENNER. — 6. Naïade d'après HOUSSAYE. — 5. Baigneuse d'après J. LEFEVRE. — 10. Cancalaise d'après VOLLON. — 6. Seule. — 11. Femme au bain. — 10. Gravures diverses. — Ens. 129 pièces.

80. **Hédouin** (Edmond). 20. Paysanne Ossalaise (Basses-Pyrénées). 18 d'après VICTOR-HUGO, 6 L'Orgie romaine d'après COUTURE. 70, étude pour le voyage sentimental. — Ens. 114 pièces.

81. **Huet** (René-Paul). Portrait de Paul Huet, 10 épreuves
sur papier du Japon. — Hanriot. Portrait du duc
d'Audiffret Pasquier 21 épreuves avant la lettre, sur
papier de Chine collé. — 9. Sarah-Bernhardt dans
Hernani. — 4. Faustin Besson. — Ens. 44 pièces.

82. **Jacquemart.**2.La Veuve et l'Enfant d'après REYNOLDS.
— Jacquet.La Jeunesse d'après CHAPU.— Julian 3.La
Place de la Concorde. — 3. Saint-Michel d'après FRE-
MIET. — Portrait d'après VELASQUEZ, épreuve avant la
lettre sur papier du Japon. — Ens. 10 pièces.

2 pièces avec envoi à M. Alboize.

83. **Jacques** (Charles). 16 pièces diverses. — 6 frontispices pour Mme Acker. — Ens. 22 pièces.

84. **Journot.** La Seine d'après PUECH, épreuve de 2e état
sur papier de Chine et du Japon avec remarque, 2 sur
papier de Chine avant la lettre, 7 avec la lettre. — La
Marseillaise, épreuve avant la lettre sur papier de
Chine collé, avec envoi. — Le Mariage, Education de
Saint Louis, Napoléon, Portrait, 4 pièces avant la lettre
sur papier du Japon avec remarques. — L'Ecrivain,
Portrait, 2 pièces avant la lettre sur papier de Hollande,
avec remarques. — 5 gravures diverses. — Ens. 24
pièces.

85. La FEMME au rouet d'après MILLET, gravée par
R.-P. MULLER. — La Maison de Millet, épreuve
avant la lettre sur papier du Japon, 3 autres pièces
diverses. — Morin (Ed.) L'Averse sur le boulevard,
22 épreuves. — Ens. 29 pièces.

86. **Laguillermie.** Jeune fille 12 épreuves. — Primavera
8. — Jeune fille au puits 12. — Couronnement de
Voltaire 11. — Le Violon brisé 7. — D'après DELACROIX
et autres 8. — Ens. 58 pièces.

87. **Lalauze** (Ad.) La Robe du dimanche 22 épreuves. La
Petite mère, 28 épreuves. Concert, 12 épreuves. La

Leçon de musique, 22 épreuves. La Balançoire, 6
épreuves. La Fête à maman, 10 épreuves. Tartuffe
7 épreuves. La Courante, 77 épreuves. Cache-cache,
3 épreuves. — Ens. 187 pièces.

88. **Legrand** (Louis). Sous l'averse (E. Ramiro I.) Eau-
forte. Epreuve de premier état, portant la note sui-
vante au crayon. « *C'est déjà fort bien n'est-ce pas mon
cher monsieur Alboize, à bientôt, F. Rops* ».

    3 épreuves avant la lettre dont 2 avant la signature.

89. — La Sirène (E.-R. 9). Eau-forte.
    Epreuve sur papier du Japon.

90. — Battersea Park (E.R. 17). Pointe sèche.
    Epreuve sur papier de Hollande, avant l'inscription
« *Battersea Park* » avec le bon à tirer, signé Louis Legrand.

91. — Sous les figuiers (E.R. 23). Eau-forte.
    Epreuve de 2° état sur papier du Japon.

92. — Epaves de famille (E.R. 27). Eau-forte et pointe
sèche.

93. — Première leçon (E.R. 46.) Eau-forte.
    Epreuve sur papier du Japon.

94. — La fille à sa tante (E.R. 47). Eau forte.
    Epreuve sur papier du Japon.

95. — Les Mioches (E.R. 48). Eau-forte.
    Epreuve sur papier du Japon.

96. — A la barre (E.R. 49). Eau-forte.
    Epreuve sur papier du Japon.

97. — Devant la glace (E.R. 51.) Eau-forte.

98. — Sur le bout du banc (E.R. 58). Eau-forte.

Épreuve sur papier du Japon.

99. — L'accroc (E.R. 61). Eau-forte.

Épreuve sur papier du Japon.

100. — L'habilleuse (E.R. 62). Eaux-forte.

101. — Au cap de la Chèvre, suite de quatorze lithographies, in-folio, dans la couverture de publication (E.-R. 96 à 110).

Épreuves sur papier de Chine, envoi de Louis Legrand à M. Jean Alboize.

102 — Le gardien du Musée. Eau forte. Hauteur 560, largeur 245 millimètres.

103. — 3 pièces lithographies découpées et collées avec dessins et retouches ajoutées. (Initiation, au moulin rouge, au bal masqué).

104. **Lepère**. Marchande au panier, 26 épreuves sur papier de Chine volant 79 sur papier velin. — Le Mail 6 épreuves. Le Pont-neuf 3 épreuves. — Ens. 101 pièces bois et cuivre.

105. **Lepic** (Le comte). Comment je deviens graveur 3 épreuves. — Marine 36. — Chien griffon 3. — Chien d'aveugle 3. — Ballade des pendus 4. — Divers 3. — Ens. 52 eaux-fortes.

106. **Lunois**. Baile de Flamenco. 1 épreuve avec remarque, 4 sur papier du Japon avec signature 3, ordinaires. — Au bord du Zuiderzée 8 épreuves avant la lettre, 25 avec. — Intimité, 12 épreuves sur papier pelure. 8 ordinaires. — Ens. 51 pièces.

107. **Martin** (Henri). Muse, 19 épreuves avant la lettre. sur papier de Chine volant, 8 sur papier de Chine collé. —

Mlle X. 3 épreuves sur papier de Chine volant avec remarque, 5 autres épreuves. — Étude 28 épreuves. — Entre le vice et la vertu 15 épreuves. — Mysticisme 8 épreuves. — Ens. 81 lithographies.

108. **Masson** (A.) Portrait de Victor Hugo d'après NOEL, 75 épreuves. — Portraits de Géricault. Eug. Delacroix, Henry Houssaye 31 pièces. — Ens. 106 pièces.

109. **Maurou** (Paul). Entrée de Croisés à Constantinople d'après Eug. Delacroix gr. in-fol, en largeur.

Lithographie avant toute lettre.

110. **Moreau** (Gustave). Le Massier, imprimé en couleur 12 épreuves avant la lettre, 13 avec la lettre. — Orphée 10 épreuves. — Ens. 35 pièces.

111. **Nargeot.** Portrait de George Sand 3 épreuves. — Portrait d'Adelina Patti 20 épreuves avant la lettre sur papier de Hollande. — Portrait de Mme Brohan. 20 épreuves avant la lettre sur papier de Hollande. — Portrait de Rachel 20 épreuves sur papier de Hollande. — Portraits de Hugo et Barbès, épreuves avant la lettre, — Portrait de Mmes de Pompadour, Parabère, Tallien, Mlle Georges et du général Pittie. — Ens. 80 pièces.

112. — **Quarante** (L.) Souvenir, d'après Chaplin, épreuve d'artiste sur papier du Japon. — Un bretteur d'après Meissonier 22 épreuves avec remarque sur papier du Japon. — Portrait de Barbey d'Aurevilly, 2 épreuves. — La place Maubert d'après Porcabeuf, 4 épreuves avant la lettre sur papier du Japon. — Ens. 29 pièces.

113. **Ringel d'Illzach,** 5e symphonie de Beethoven, 18 épreuves. 9e symphonie 2. — 8 portraits de Mme Beecher Stowe. — 14 pièces et portraits divers. — 39. Le pavé de Paris. — 7 Une parisienne. — 8 pièces diverses. — Ens. 42 lithographies et 54 eaux-fortes.

114. **Rops** (Félicien). Le Bassoniste (E. Ramiro 40). Eau-forte.

>12 épreuves sur papier du Japon.

115. **Rops**. L'Oncle Claes et la Tante Johanna (E.R. 42). Eau-forte.

>8 épreuves sur papier du Japon 2e état.
>20 épreuves 3e état.

116. **Rops**. Mon Bourgmestre (E.R. 64). Eau-forte.

>19 épreuves sur papier du Japon 2e état.

117. **Rops**. La Chasse au lièvre (E.R. 71). Eau-forte.

>6 épreuves sur papier du Japon.

118. **Rops**. Pilier d'Eglise (E.R. 90). Vernis mou.

>7 épreuves sur papier du Japon.

119. **Rops**. Les Laveuses (E.R. 110). Eau forte.

>3 épreuves sur papier du Japon.

120. **Rops**. La Vieille Masken servante anversoise (E.R. 112). pointe sèche et aqua-tinte.

121. **Rops**. Dans la Pusta (E. R. 123). Eau-forte.

>3 épreuves.

122. **Rops**. La Poupée du Satyre (E. R. 150). Eau-forte.

>2 Epreuves sur papier du Japon.

123. **Rops**. Vieille Gouje (E. R 156). Vernis mou.

>10 épreuves sur papier du Japon.

124. **Rops**. La Petite Liseuse (E. R. 157). Eau-forte.

>7 épreuves sur papier du Japon.

125. **Rops**. La Foire aux amours, petite planche (E. R. 164). Eau-forte.

>2 épreuves sur papier de Hollande.

126. **Rops**. Modernité (E. R. 171). Pointe sèche.

>Epreuve dont la banderole porte *Académie*, état non décrit.

127. **Rops**. La Colère (E. R. 173). Eau-forte et pointe sèche.
> 2 épreuves dont une sur papier du Japon.

128. **Rops**. Dimanche (E. R. 175). Vernis mou et pointe sèche.
> Epreuve du premier état.

129. **Rops**. L'Art moderne ou la lecture du grimoire (E. R. 413). Eau-forte.
> 14 épreuves du 3e état sur papier du Japon.

130. **Rops**. Folies-Bergère (E. R. 414). Vernis mou et pointe sèche.
> 3 épreuves sur papier de Hollande.

131. **Rops**. Laitière flamande (E. R. 531). Eau-forte aquatinte et vernis mou.
> Exemplaire sur papier de Hollande, avec le bon à tirer de Félicien Rops.

132. **Rops**. Hamadryade (E. R. 556). Eau-forte et pointe sèche.
> 5 épreuves sur papier du Japon et 2 sur papier de Hollande.

133. **Rops**. Vendangeuse (E. R. 564). Vernis mou.
> 9 épreuves sur papier du Japon.

134. **Rops**. Très vieille (E. R. 565). Vernis mou.
> 11 épreuves sur papier du Japon.

135. **Rops**. Porteuse de poisson (E. R. 579). Vernis mou à la plume.
> Epreuve du 2' état avec les 9 croquis.
> 2 épreuves du 4' état.

136. **Rops**. Une pianiste Shaker (E. R. 582). Vernis mou.
> Epreuve de premier état avant la vis du piano, avec le bon à tirer de M. Alboize.
> 18 épreuves du 3e état sur papier du Japon.

137. **Rops**. Notes d'un vagabond par Jean Dardenne (E. R.
634).
Epreuve sur papier de Hollande.

138. **Rops**. Maturité (E. R. 637). Vernis mou.
2 épreuves.

139. **Stengelin** (A.), 25 lithographies diverses, épreuves
avec remarques et signatures.

140. **Saint-Aubin** (Augustin de). Mes Gens, ou les com
missionnaires ultramontins au service de qui veut le
payer. Titre et 7 planches, in-4°.
63 exemplaires complets et 80 planches diverses.

141. **Saint-Aubin** (Augustin de). Les différents jeux des
petits polissons de Paris, titre imprimé et 6 planches.
34 exemplaires complets en carton.
Epreuves sur papier de Hollande.
96 planches. Le Sabot.
97   —   La Fossette.
89   —   La Toupie.
95   —   La Corde.
45   —   Le Coupe-tête.
108   —   La Sortie du collège.
Et environ 400 planches diverses sur différents papiers

142. Sous ce numéro il sera vendu en lots environ 10.000
estampes et lithographies que le temps n'a pas permis
de cataloguer.

LIVRES

143. Angers et ses environs. album de gravures à l'eau
forte par Tancrède Abraham. *Château-Gontier*, 1876
in-4. fig. br.

144. **Apulée**. Psyché, traduction nouvelle par Victor Deve,
lay. *Paris, Jouaust*, 1873, in-32, mar. rouge, jans-
dent. inter., tr. dor.

145. **Banville** (Théodore de). Poésies, *Paris, Poulet-Ma-
lassis*, 1857. — Nouvelles odes funambulesques,
Paris, 1869. — Idylles prussiennes, 1871. — Trente-
six ballades joyeuses, 1873. — Les Princesses 1874.
Les exilés, 1867. — La Vie d'une comédienne, 1877.
— Odes funambulesques 1859. — Ens. 8 vol. in-12,br.

Éditions originales, sauf les odes funambulesques.

146. **Barbey d'Aurevilly** (J.). Le Théâtre contemporain.
Paris, 1888, 3 vol. — Les Vieilles actrices ; le Musée
des antiques, 1884. — Polémiques d'hier, dernières
polémiques, 1889-1891. 2 vol. — Memoranda 1883. —
Les Quarante médaillons de l'Académie. — L'Ensor-
celée, 1878. — Ens. 9 vol. in-12 br.

147. **Baudelaire** (Charles). Les Fleurs du mal, 1861. — Les
mêmes, 1872. — Les Paradis artificiels, opium et
haschisch, 1861. — Charles Baudelaire, souvenirs,
correspondance et bibliographie, 1872. — Ens. 4 vol.
in-12, reliés et br.

148. **Beaumont** (E. de). Suite de 9 planches pour les Lettres
persanes, épreuves sur vergé avec la lettre. — Suite
de 11 planches pour les Contes de La Fontaine,
épreuves sur Chine, avec la lettre. — Suite de 10 planches pour les Dames Galantes, épreuves sur Chine
avec la lettre. Paris, Lemerre.

149. **Beaumont.** Bibliothèque des dames, publiée par
Jouaust. — La princesse de Clèves, par Mme de La
Fayette, 1881. — Les Contes des fées ou les fées à la
mode par Mme d'Aulnoy, 1881, 2 vol. — OEuvres
choisies de Mme Des Houllières, 1882. — La Vie de
Marianne par Marivaux, 1882, 3 vol. — OEuvres
morales de la marquise de Lambert, 1883. — Ens.
8 vol. in-12, front. gr. br.

150. **Bing** (S.). Le Japon artistique, documents d'art et
d'industrie. *Paris*, 6 vol. in-4 en livraisons.

La livraison 26 manque.

151. **Bourget** (Paul). Nouveaux essais de psychologie comtemporaine 1886. — Un Crime d'amour 1886. — Mensonges 1887. — Etudes et portraits 1889, 2 vol. — Le Disciple 1889. — Pastels 1889, 2 vol. — Sensations d'Italie 1891. — Physiologie de l'amour moderne 1891. — Outre-mer 1895, 2 vol. — Ens. 12 vol. in-12, br.

Editions originales, Outre-Mer est sur papier de Hollande.

152. CHINTREUIL, sa vie et son œuvre, par A. de La Fizelière, Champfleury, F. Henriet ; quarante eaux-fortes, par Martial, Beauverie, Taiée, Ad. Lalauze, Saffray, Selle, Paul Roux. *Paris, Cadart*, 1874, in-4, br.

153. CONSULTATIONS épistolaires, ou recueil de quelques lettres écrites par un membre de la Chambre des Communes d'Angleterre et par un pair de France (par le comte de Pradel). *Paris, Lenormant*, 1822, in-8, mar. rouge à long grain, dos orné, fil et fers à froid et dor. tr. dor. (*Bibolet*).

Charmante reliure très fraîche.

154. **D'Allemagne** (Henry-René). Histoire du luminaire, depuis l'époque romaine jusqu'au xix° siècle, 500 gravures et 80 grandes planches hors texte. *Paris, A. Picard*, 1901, in-4, fig., br.

155. **Daudet** (Alphonse). La Petite Paroisse. *Paris*, 1895. — Jack, mœurs contemporaines, 1876, 2 vol. — Fromont jeune et Risler aîné, 1874. — Ens. 4 vol. in-12. br. et relié.

Editions originales. La Petite Paroisse est sur papier de de Hollande broché.

156. **Dillon.** L'Année des Polichinelles. *Paris*, 1893, in-8, fig. en cart. Paris-Almanach 1894, 1895, 2 vol. in-12, br.

Envoi de Dillon à M. J. Alboize.

157. **Dinska** (la princesse A.). Le Livre du désir, étrennes aux dames. *Paris*, 1885, in-4, fig. br.

> Exemplaire sur papier de Hollande, avec envoi à M. J. Alboize.

158. **Droz** (Gustave). Monsieur, Madame et Bébé. Édition illustrée par Edmond Morin. *Paris, V. Havard*, 1878, gr. in-8, fig., demi-rel., mar. rouge, dos et coins, tête dor. non rogné, (*couverture*).

159. **Ducros** (Emmanuel). En chemin de fer, triolets dits par M. Mounet-Sully, compositions de Ch. Daux. *Paris, Baschet*, in-4, fig. cart. en soie.

160. **Dumas** (Alexandre). Le Chevalier de Maison-Rouge, illustrations de Julien Le Blant. *Paris, Testard*, 1894, 2 vol. gr. in-8, fig. br.

161. **Gruyer** (F.-A.). La Peinture au château de Chantilly, école française, écoles étrangères. *Paris, Plon*, 1898, 2 vol. gr. in-8, fig. br.

162. **Guichard** (Ed.). Les tapisseries décoratives du Garde-meuble : choix des plus beaux motifs, texte par Alfred Darcel. *Paris, Baudry*, in-fol. en livraisons.

163. **Houssaye** (Arsène). Molière, sa femme et sa fille. *Paris, Dentu*, 1880, in-fol., fig. br.

164. **Houssaye** (Arsène). Les Cent et un sonnets, gravures et eaux-fortes. *Paris*, in-4, ports. et fig. br.

165. **Jouin** (Henry). Charles Le Brun et les arts sous Louis XIV ; le premier peintre, sa vie, son œuvre, ses écrits, ses contemporains, son influence d'après le manuscrit de Nivelon. *Paris, Imprimerie Nationale*, 1889, in-4, portr. br.

166. **Littré** (E.). Dictionnaire de la Langue française. *Paris, Hachette*, 1883, 5 vol. in-4, demi-rel. chag. noir.

167. **Livre** (Le). Revue mensuelle. *Paris, Quantin*, de 1881
à 1888, gr. in-8, fig., en livraisons.

> Manquent Février 1881, Janvier, Mars, Avril 1882,
> Mai 1884, Septembre 1885.

168. **Longus.** Les Pastorales de Longus, Daphnis et Chloé,
traduction de Jacques Amyot, revue par Paul Louis
Courier, figures de Prudhon, vignettes d'Eisen.*Paris,
Librairie à estampes*, in-4 br.

169. **Molière.** Œuvres complètes, avec les variantes,
Paris, L. De Bure, 1825, gr. in-8, portr. et fig. de
Desenne, gr. in-8, veau rouge, fil et fers à froid, tr.
dor. (*Thouvenin*).

> Très belle reliure de Thouvenin avec fers à la *cathé-
> drale* d'une grande fraîcheur.

170. **Molière** (J.-B. Poquelin de).Théâtre complet, préface
de M. D. Nisard, dessins de Louis Leloir, gravés à
l'eau forte par Flameng. *Paris, Jouaust*, 1876, 8 vol.
in-8, fig. br.

171. **Musset** (Alfred de). Œuvres complètes, avec lettres
inédites, variantes, notes, index, fac-simile, notice
biographique par son frère,édition dédiée aux amis du
poète, ornée de 28 dessins de M. Bida. *Paris, Char-
pentier*, 1876, 10 vol. gr. in-8, fig. br.

> Edition dédiée aux amis du poète.
> Exemplaire sur papier de Hollande, figures avant la let-
> tre, sur papier de Chine.

172. **Peladan** (Joséphin). Oraison funèbre du docteur
Adrien Péladan fils. 1886. — Babylone, tragédie en
quatre actes, 1895. — L'Art Ochlocratique, salons de
1882 et 1883. *Paris*, 1888. — Femmes honnêtes,
frontispices de Rops et figures 1885. — Comment on
devient fée, 1893. — Comment on devient artiste,
1894. — Le Vice suprême, front. de F. Rops, 1884
(papier de Hollande). — Ens. 7 vol. in-8 et in-12, br.

> Editions originales, avec envois de Péladan à M. J.
> Alboize.

173. **Peladan** (J.).La Décadence latine.— Le Vice suprême, front. de Rops, 1884. — Curieuse, front. de Rops, 1886. — Initiation sentimentale, front., 1887. — A Cœur perdu, front. de Rops, 1888. — Istar, 2 vol. front., 1888. — Cœur en peine,1890. — L'Androgyne, front, 1891. — La Gynandre, front., 1891.— Le Panthée, front., 1892. — Typhonia, 1892. — La Vertu suprême. — Ens. 12 vol. in-12, br.

> Editions originales, avec envois de Peladan à M. J. Alboise.

174. **Plon** (Eugène).Benvenuto Cellini, orfévre-médailleur, sculpteur, recherches sur sa vie et son œuvre, *Paris, Plon*, 1883, in-4, eaux-fortes de Paul Le Rat, br.

> Avec l'appendice.

175. **Roessler** (Charles). Le Havre d'autrefois, reproduction d'anciens tableaux, dessins, gravures et antiquités se rattachant à l'histoire de cette ville. *Le Havre*, 1883, in-4, fig. en livraisons.

176. **Vachon** (Marius). Puvis de Chavannes. *Paris*, 1895, in-4, fig. br.

177. **Zola** (Emile). Contes à Ninon, *Paris, Hetzel.* — Pot-Bouille, 1882. — Au Bonheur des Dames, 1883. — La Joie de vivre, 1884. — Ens. 4 vol. in-12, br.

> Editions originales.

178. **Artiste** (L').Journal de la littérature et des beaux-arts, collection de l'origine 1831 à 1866. 33 volumes in-4, fig. demi-rel.

> 1re série 1831 à 1837 et table 15 vol. — 1839 à 1841 8 vol. — 1842 à 1844 5 vol. — 1845 à 1848 11 vol. — 1848 à 1856 15 vol. — 1856 à 1857 3 vol. Nouvelle série 1857 à 1866 22 vol. — Plus 4 volumes de gravures.
> Reliures différentes, il manque l'année 1838 et de Septembre 1848 à Mars 1849.

179. **Artiste** (L'). Années diverses de 1834 à 1865, 40 vol. in-4, fig. rel.

LIVRES EN NOMBRES

180. **Baluffe** (Auguste). Le Médecin volant à Pezenas. *Paris*, 1881, in 8, portr. gravé, br.

> 78 exemplaires dont 5 sur papier de Hollande.

181. **Blémont** (Emile). J.J. Henner, *Paris*, 1882, in-8, 2 figures sur cuivre gravées par Hanriot, br.

> 9 exemplaires sur papier de Hollande.

182. **Bonnefon** (Paul). Beaumarchais. Etude, honorée d'une mention à l'Académie Française, *Paris*, 1887. in-8 portr. et 3 figures br.

> 216 exemplaires dont 26 sur papier de Hollande.

183. **Bouyer** (Raymond). Un peintre mélomane Fantin-Latour, avec une lithographie originale de Fantin-Latour. *Paris*, 1895, in-8 br.

> 16 exemplaires.

184. **Bouyer**. L'Art au Salon de 1896, 1897 et 1898, *Paris*, in-8 br.

> 1896 5 figures 11 exemplaires.
> 1897, 9 figures 8 exemplaires.
> 1898. 3 figures 12 exemplaires.

185. **Chennevieres** (Henry de). Pierre Paul Sevin dessinateur d'illustrations au xviie siècle, *Paris*, 1881, in-8 br.

> 35 exemplaires.

186. **Chennevieres** (Henry de). Le confiseur du roi Louis XV *Paris*, 1881, in-8 br.

> 40 exemplaires sur papier de Hollande.

187. **Chennevieres** (Henry de). Souvenirs d'un directeur des beaux-arts, *Paris*, 1883, 5 parties (620 pages) in-8 br.

> 55 exemplaires complets, plus 1re série 14, 3e série 17, 4e série 49, 5e série 28.

188. **Chennevieres** (Ph. de). Les décorateurs du Panthéon. *Paris*, 1885, in-8 (144 pages) br.

> 79 exemplaires.

189. **Chennevieres** (Ph. de). Essais sur l'histoire de la peinture française, portrait gravé à l'eau-forte par Decisy, d'après CAROLUS DURAN, *Paris*, 1894, in-8 (332 pages) br.

> 19 exemplaires dont 7, sur papier de Hollande.

190. **Du Seigneur** (Maurice). L'art et les artistes au Salon de 1882, avec une introduction sur les expositions particulières. *Paris*, 1882 in-8 br.

> 130 exemplaires.

191. **Houssaye** (Arsène). Merveilles de l'art flamand, *Paris*, in-fol. 10 gravures, br.

> 48 exemplaires.

192. **Houssaye** (Arsène). Jacques Callot, sa vie et son œuvre, 10 eaux-fortes de Callot. *Paris*, in-8 fig. br.

> 85 exemplaires complets, plus 230, le texte seulement.

193. **Janin** (Jules). La dame à l'œillet rouge, roman nouveau. *Paris*, 1874, in-8 portr. br.

> 104 exemplaires dont 5 sur papier de Hollande.

194. **Marchaix** (Lucien). Un parisien à Rome et à Naples en 1632, d'après un manuscrit inédit de J. J. BOUCHARD. *Paris, Ernest Leroux*, in-8 br.

> 24 exemplaires.

195. **Morin** (Louis). Quelques artistes de ce temps. Jules Cheret, Daniel Vierge, Auguste Lepere, Louis Legrand, Henri Riviere, Joseph Cheret, *Paris*, 1898, in-8 br.

> Tirage unique à 50 exemplaires sur papier de Chine.
> 6 exemplaires.

196. **Palais Pompéien** (Le). de l'avenue Montaigne, études sur la maison Gréco-Romaine, ancienne résidence du prince Napoléon, par Théophile Gautier, Arsène Houssaye, Charles Coligny, *Paris*, in-8 br.

> 105 exemplaires.

197. **Péladan** (J.) Histoire et légende de Marion de L'Orme, portrait gravé par Ad. Nargeot, *Paris*, 1882, in-12 br.

> 24 exemplaires.

198. Sous ce numéro il sera vendu en lots environ 800 volumes de bons ouvrages que le temps n'a pas permis de cataloguer.

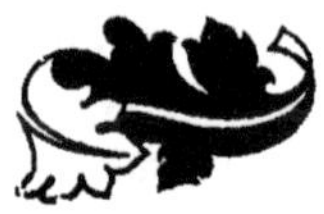